POR QUE EU FAÇO XIXI SENTADO?

POR QUE EU FAÇO XIXI SENTADO?

PETERSON JOSÉ
CRUZ FERNANDES

MINHA RELAÇÃO COM AS MULHERES, COM AS FEMINISTAS E COM OS FEMINISMOS

EDITORA
Labrador

Coordenação editorial
Pamela Oliveira

Assistência editorial
Leticia Oliveira

Preparação de texto
Laila Guilherme

Revisão
Ligia Alves

Projeto gráfico, diagramação e capa
Amanda Chagas

Dados Internacionais de Catalogação na Publicação (CIP)
Jéssica de Oliveira Molinari - CRB-8/9852

Fernandes, Peterson José Cruz
Por que eu faço xixi sentado? : minha relação com as mulheres, com as feministas e com os feminismos / Peterson José Cruz Fernandes. — São Paulo : Labrador, 2023.
96 p.

ISBN 978-65-5625-308-4

1. Autoconsciência 2. Feminismo I. Título

23-0584 CDD 158.1

Índices para catálogo sistemático:
1. Autoconsciência

EDITORA
Labrador

Editora Labrador
Diretor editorial: Daniel Pinsky
Rua Dr. José Elias, 520 — Alto da Lapa
05083-030 — São Paulo — SP
+55 (11) 3641-7446
contato@editoralabrador.com.br
www.editoralabrador.com.br
facebook.com/editoralabrador
instagram.com/editoralabrador

Dedicado às

DANIELES SOFIAS MARIAS
CONCEIÇÕES SIMONES PÉROLAS
TERESAS MAYARAS JULIANAS
JÚLIAS MÁRCIAS CAMILAS
LÚCIAS SANDRAS
DÉBORAS RENATAS FÁTIMAS
ROBERTAS ALINES DENISES
ELISABETES MARIANAS
LUIZAS BRUNAS ELIANAS
IMACULADAS FERNANDAS
AUXILIADORAS REGINAS
GABRIELAS JAQUELINES
CARLAS PAULAS VANESSAS
MARÍLIAS MILENAS PATRÍCIAS

SUMÁRIO

PREFÁCIO

Este livro não é o lugar onde as certezas moram.

Certa vez, Rubem Alves escreveu que "as gaiolas são o lugar onde as certezas moram". Se pensarmos a partir dessa metáfora apresentada pelo autor, os escritos presentes neste livro são céu aberto, voo livre, espaço de construção, crescimento e aprendizado. Nesse terreno incerto, complexo e recheado de possibilidades, Peterson se permitiu aprender mais sobre feminismos, feministas, mulheres, sabores, cheiros, texturas e letras com diferentes sentidos e significados. Na busca por revisitar suas histórias, memórias e afetos com pitadas – ou grandes porções – de imaginação, ele nos apresenta poesias, contos e crônicas que nos tocam e provocam encontros.

Este livro é, portanto, um artefato que pode proporcionar múltiplos sentimentos, por exemplo: indignação, tristeza, raiva, identificação, alegria, encantamento e força mobilizadora para lutar por um mundo mais acolhedor, justo e igualitário. O exercício do autor de externar, por meio da escrita poética, as relações que estabelece(u) com mulheres e feminismos constitui-se como uma possibilidade de vivência de experiências para as/os leitoras/es.

É nesse céu aberto de múltiplas possibilidades que o espaço de construção, crescimento e aprendizado é produzido e materializado. Os escritos presentes neste livro podem oferecer experiências que nos passam, nos tocam, nos acontecem. Portanto, este trabalho proporciona possibilidades de encontros com a literatura poética que produz experiências, pois ele é recheado de processos de aprendizado e (re)visitação de histórias, memórias e trajetórias, ainda que mergulhado na imensidão da potência imaginativa.

Este livro é o lugar onde o processo fez – e faz – morada. Talvez uma "morada nômade", que é lar, mas também é lugar de movimento, transitoriedade e impossibilidade de permanência. Ele se configura como uma fotografia de um momento específico dos processos de criação e aprendizado do autor. Um retrato forjado a partir daquilo que constitui Peterson neste exato momento e do caminho percorrido até aqui. Se a fotografia tivesse sido produzida tempos atrás ou em um tempo vindouro, seriam outros textos, outras palavras, outras reflexões, temperos, sabores, agenciamentos e afetos.

Estes escritos se constituem como um retrato de processos que aconteceram com o autor a partir dos afetos que mobilizaram suas forças criativas ao longo de sua existência. "Processo" é compreendido, portanto, a partir da origem da palavra que remete a "caminhar", "ir para a frente", "mover adiante". Por esse motivo, não há possibilidade de este ser o fim.

Esta produção literária é entremeio, movimento, um amálgama constituído pelo que já foi, pelo que é e pelo que há de vir.

Como educadora, afirmo que é preciso, por diferentes motivos, sentidos e significados, **celebrar**: a possibilidade de ver e sentir outros homens e mulheres descobrindo formas de reconhecer o machismo, o sexismo e a misoginia nas práticas cotidianas; as possibilidades de fazer circular a palavra para visibilizar denúncias necessárias que tocam as feridas e que podem proporcionar cura e mudanças de rotas; a produção de cenários para além das denúncias dos contextos de desigualdades e assimetrias de gênero, mas a visibilidade de práticas e corpos inventivos em realidades diversas, que repensam os estereótipos naturalizados e possibilitam a criação de outros possíveis; a produção de subjetividades que (re)existem e lutam por um mundo mais justo, igualitário e equânime. Este livro é uma voz que ecoa nesse cenário complexo, potente e desafiador. Celebro, portanto, a potência deste processo! Celebremos!

Aline Ferreira

Mulher que acredita na potência da educação como possibilidade de transformação social. Professora, pedagoga, mestra em educação, feminista e educadora – incansável.

COM LICENÇA. UM PEDIDO ÀS MULHERES

Hoje compreendo com maior clareza o meu lugar de privilégios. Inserido em um contexto patriarcal, como homem branco, cisgênero e heterossexual, a vida tem se apresentado bem menos desafiadora para mim. A cultura, as estruturas, as relações têm me favorecido.

Mulheres, definitivamente, eu não possuo o seu lugar de fala.

Na música "Tudo de novo", Caetano Veloso escreve:

"Minha mãe me deu ao mundo
De maneira singular
Me dizendo a sentença
Pra eu sempre pedir licença
Mas nunca deixar de entrar"

Eu gostaria de pedir licença para agradecer, partilhar...

Agradecer pela vida de tantas mulheres que me compõem. São muitas! Mãe, irmã, esposa, filhas, tias, primas, familiares, amigas, namoradas, professoras, educadoras, pensadoras, colegas de trabalho... Mulheres que caminharam e caminham comigo, me ajudando a ser gente. Todas elas partilharam comigo suas vidas. Parte delas apresentou para mim os muitos feminismos. Fui tocado...

Partilhar um exercício que eu tenho realizado a partir desses tantos encontros: estou tentando tomar consciência profunda do meu lugar de homem branco, cisgênero e heterossexual em um contexto patriarcal, para "sair" desse lugar. Parece paradoxal, até estranho, mas é isso: conhecer o lugar onde estou, para perceber os outros lugares onde vivem pessoas que não são como eu. Perceber esses lugares é o primeiro passo para reconhecê-los.

De um tempo para cá, comecei a perceber com maior clareza os lugares ocupados por tantas mulheres. Percebi as próprias mulheres.

É um processo. Construção.

Durante essa jornada, cabe destacar dois eventos que foram cruciais: por um tempo, considerei-me uma pessoa humanista, defensora de uma humanidade compartilhada que deveria sobressair. Um dia, conversando com uma amiga sobre feminismos, partilhei que acreditava na necessidade de garantirmos direitos iguais para homens e mulheres. Certo de que ela concordaria, ela surpreendeu-me: iguais, não! Precisamos garantir mais direitos para as mulheres, em detrimento dos direitos dos homens. Uma desigualdade a partir de agora... Reparação histórica!

Confesso que fiquei chocado com aquela fala e com a temperatura que o momento atingiu. Demorei muito tempo para compreender os sentimentos dela. Suspeito que ainda não tenha compreendido...

Em outra ocasião, ainda investido do lugar de homem humanista, em uma conversa parecida com a anterior, outra amiga me disse: é fácil para você, homem branco, heterossexual, doutor e classe média, ser humanista.

(...)

Em um primeiro momento, os sentimentos de tristeza, raiva e indignação ficaram mais intensos. Contudo, aconteceu algo que mudou essa relação: tomei consciência do meu lugar. Tristeza, raiva e indignação cederam espaço para a culpa.

De muitas e diversas formas, sou responsável pela manutenção dessas realidades. Essa constatação foi muito importante!

A partir dessas vivências, movimentos internos e externos aconteceram. Foram intensos. Tão intensos que transbordaram em forma de sentimentos, emoções, ações, posicionamentos, transformações, decisões e... palavras.

Se a palavra constrói a realidade,
nossa realidade tem destruído a palavra*.

* Substantivo feminino

POR QUE EU FAÇO XIXI SENTADO? é uma coletânea de textos que intentam materializar essa construção, esses movimentos, esses exercícios, essas transformações.

É uma tentativa de construção de novas possibilidades. Pela palavra.

É uma tentativa de desconstrução da realidade. Pela palavra.

É, sobretudo, um reconhecimento, uma reverência e uma tentativa de retribuir.

POESIA

Seis letras.
Como pode caber tanto em tão pouco?

AS MULHERES DA MINHA (NÃO) INFÂNCIA

Nasci em um ambiente machista, composto apenas por mulheres.

Não consigo definir até quando essa foi uma realidade para mim. Talvez até os doze anos. Não me lembro. Se a consciência da linha do tempo quase não existe mais, os conteúdos, sentimentos, sabores e temperaturas ainda estão bem presentes em mim. Bem vivos. Em especial as temperaturas...

Embora convivesse com meu pai e com alguns tios e primos, as vozes da minha mãe, das minhas tias e primas eram bem mais altas. Mineiríssimas, adoravam conversar nas cozinhas, ora preparando deliciosas comidas, ora saboreando um café com bolo quentinho, um doce com queijo, ou um pedaço de vida que alguém tinha acabado de trazer das Terras das Contradições, onde sofrimento e alegria, presença e ausência, saudade e repulsa cabiam no mesmo lugar. Fico pensando se as vozes eram tão altas mesmo ou se eram os azulejos das cozinhas que as intensificavam. Às vezes acho que os sentimentos partilhados não eram apropriados para mim, uma criança. Como eu não dava conta daquilo, percebia tudo tão desproporcional. Exagerado. Era desconfortável.

Interessante lembrar que, na maioria das vezes, a dinâmica estava alicerçada em sentimentos e ações de protesto, indignação e ensaios de indiferença para com os homens opressores, misturados com uma exacerbada preocupação com a qualidade da comida que estava sendo preparada para ser servida. Preocupação com o seu sabor e beleza. E... limpeza. Ah, se alguém encontrasse um fio de cabelo na comida! Para garantir essa refeição asseada, os enormes e belos cabelos eram presos e escondidos embaixo de toucas de plástico. As unhas tinham que estar sempre bem-feitas.

As refeições eram momentos de gozo. Os corpos escondiam-se para dar lugar ao comer e à comida bem preparada, asseada, bela e saborosa. Todos e todas comiam. Ninguém era comido ou comida.

Talvez as mulheres da minha (não) infância tenham sido doutoras em antropomorfismo, sem sequer ter noção da existência desse conceito: elas transformavam suas comidas nelas mesmas. Naqueles pratos, elas eram saborosas, apimentadas, quentes.

Perfeitas!

Desejadas!

Sa-tis-fa-zi-am!

Comiam e...

Eram comidas!

Eram adequadas e suficientes para os desejos dos homens que não eram seus, porém quais seriam os homens adequados e suficientes para elas?

A mineirice, elemento que agrega, por si só, à pessoa que a porta, a mística do bem cozinhar, do tempero e da mão boa como elementos quase transcendentais, lhes garantiam um lugar.

Uma pitada de existência!

Por algum momento, elas eram únicas. Exclusivas.

Feiticeiras do sabor.

Seus caldeirões, suas camas.

(Lembro que elas faziam questão de carregar no sotaque e no tempero. Talvez seja por isso...)

E quanto à necessidade do asseio?

Ah, mulheres da minha infância!

Por que vocês se sentiam tão sujas?

Quantas histórias e vivências que eu ainda não conheço – nem conhecerei. Quantas rejeições, palavras mal faladas ou não ditas, amores não vividos ou não correspondidos, ausências, saudades, dores, sofrimentos, sobrecargas, buracos.

Silêncios.

Violências.

(...)

Que tristeza!

Hoje está tão claro para mim que, dentre todos os meninos da minha família, eu fui o escolhido para ser retirado do mundo masculino. Vivia na cozinha. Elas não queriam que eu fosse como eles. Ouvia isso diariamente. Como um mantra. Será que elas me viam como menino? Seria eu um anjo?

Eu não queria ser como elas.

Também não queria ser como eles, embora não os conhecesse...

Conhecia-os com os olhos delas...

Caí em desgraça. Não pude conhecer o meu pai. Vivia com ele, sem partilhar a vida com ele. A dele e a minha.

Perdoem-me, mulheres, mas sinto que somos, todos e todas, vítimas do patriarcado. Homens e mulheres.

Está claro para mim, porém, que vocês são mais vítimas do que nós.

(Suspeito de que o uso da palavra vítima para nós, homens, seja bastante inadequada.)

Esse papo de que estamos todos/as no mesmo barco é tolice, coisa de quem acredita em meritocracia. Estamos todos e todas no mesmo mar, ou no mesmo rio, para continuar pelas bandas das Minas Gerais. Nesse rio, uns navegam. Outras nadam. Muitas se afogam. Estamos em lanchas, barcos com motores. Vocês, em canoas e remando.

Meu pai era um nordestino analfabeto que foi tentar a vida na cidade grande. Nunca teve coragem, ou forças, para retornar à Paraíba, sua terra natal. Alegava que lhe faltava dinheiro, porque só retornaria se fosse com toda a família: minha mãe, ele, minha irmã e eu. Acreditei nessa desculpa por um tempo.

Muitas vezes, sinto-me pensando nos sentimentos que meu pai (não) viveu. Porque nem conheceu... Não sabia que existiam. Que eram possíveis. Não pôde.

Meu pai devia ser um homem muito MACHOCADO.

Desde criança eu queria ser padre. Talvez essa vivência toda explique esse meu desejo. Do ponto de vista do inconsciente, ser padre poderia significar, naquele momento, minha chance de mudar para um território neutro. Terra dos anjos. Sem homens nem mulheres. Acolhido pela Igreja, que é Mãe (não mulher). Formada por padres que são Padres (não homens).

Durante muito tempo, senti raiva por isso tudo. Odiei, com todas as minhas forças, as mulheres da minha infância por tamanha carga e privação.

Desejei outra história...

Uma infância.

Ser criança.

Hoje compreendo isso tudo: a vida sofrida das mulheres da minha infância e suas tentativas, desesperadas, de salvá-las do papel que estava escrito, de per si, para mim, MENINO QUE VIRARIA HOMEM: ser mais um de seus algozes.

Se o meu corpo fosse uma casa, o coração seria
a cozinha. E é na cozinha que eu tenho vivido...
Panela de ferro,

fogão a lenha e... Temperaturas.

Palavras curadas, len-ta-men-te.

Sentimentos e emoções estourando na panela e

respingando vida fervendo pelo chão e...
Na pele.

QUEIMANDO.

Saudades e memórias, aromas, texturas e
sabores... Perfumado, queimado, passado,
gorduroso, fedido, seco, crocante, macio, tenro,
azedo, doce, amargo, salgado...

E é na cozinha que eu desejo (com)partilhar.
Mesa e banco de madeira, prato fundo e...
Colher.

Eu gosto mesmo é de comer com colher.
Porção exagerada de comida, memórias e afetos.

Bolinho capitão,
suor, afeto e feijão.
Tudo misturado com a mão.

TEMPORATURA

Tem-po-ra-tu-ra

Substantivo feminino

Junção das palavras tempo e temperatura.
Estado ou existência ideal para estar ou ser.
"A relação exige temporatura."

AS MULHERES DO NOSSO FUTURO

Havia um tempo e um lugar em que todas as mulheres existiam.

Esse lugar tinha passado por uma revolução. Um verdadeiro renascimento para todas as mulheres. Houve uma profunda mudança das mentalidades e dos corações. As mulheres ocupavam todos os lugares, tudo o que desejavam era, realmente, possível – só dependia delas. Elas podiam fazer de tudo, não qualquer coisa, pois eram novos tempos, em que não era mais necessário fazer qualquer coisa para sobreviver.

As mulheres eram livres, inclusive, para (não) amar. Donas dos seus corpos e de seus corações, viviam acima dos preconceitos e das regras de outrora.

Nesse lugar, viviam inúmeras Renatas. Como sabemos, de tempos em tempos, um nome vira moda em algum lugar. Nessa sociedade, dar o nome de Renata a uma recém-nascida era uma homenagem a tantas mulheres que precederam o Renascimento e uma forma de atualizar todo esse movimento. Renata significa renascida. Entendiam que, em cada mulher que nascia, renasciam a luta e a conquista da existência. Mais do que uma metáfora, uma celebração da história e da vida da mulher. De cada mulher.

Dentre as Renatas, existia uma que era perfumista. Famosa em toda a vizinhança, ela era conhecida pela habilidade de gerar perfumes e aromas a partir de matérias-primas regionais. Algumas diziam que suas essências eram remédio para a alma e para a memória. Uma máquina do tempo, pois bastava o contato com um único perfume para que momentos vividos sob a regência daquela fragrância se tornassem presentes novamente. Outras diziam que as habilidades de Renata podiam ressuscitar os mortos. Quem vai discordar?

Renata tinha uma pequena perfumaria no centro da cidade, com armários de madeira escura que se estendiam do chão até o teto, com inúmeras prateleiras onde perfumes, cremes e óleos repousavam e eram expostos em recipientes de vidro de diversas cores. O chão vermelho, sempre lustrado, suportava mesas com espelhos e cadeiras para que amantes dos seus produtos pudessem degustá-los antes de escolher um, ou alguns. Tecidos e estampas em tons pastel completavam a decoração do ambiente. No fundo da loja, o laboratório, onde as fragrâncias nasciam.

Nesses dois ambientes, a alquimia acontecia... Encontros entre matérias-primas, pessoas, memórias e sentimentos. Encontros com a natureza. Encontros consigo mesmas/os. Eram tantos os elementos que, fundidos e curtidos ao longo do tempo, compunham uma única fragrância que ocupava todos os espaços. Como os sentimentos e as emoções que tomam conta da gente, reivindicando para si toda a atenção. Apenas uma presença com sentidos muito apurados poderia dar conta disso tudo, separando cada elemento para identificá-lo e colocá-lo no seu devido lugar. O que é seu. O que é da/o outra/o. O que é da vida. O que é do passado, do presente e do futuro. E assim por diante.

Renata era uma mulher feliz, mas algo vinha entristecendo sua existência. Renata queria viver um amor. Sonhava que encontraria um homem com quem partilhar a vida. Mas havia uma questão: nesse mesmo tempo e nesse mesmo lugar, existiam poucos homens e muitos meninos que teimavam não crescer. Permaneciam meninos.

Falam que uma vez teve um congresso em uma das universidades desse tempo e lugar. Um dos temas foi a Psicanálise Freudiana, apresentada por uma das mais relevantes pesquisadoras do tema. Segundo ela, vivendo naquele tempo e lugar, Freud teria se questionado sobre a sua Teoria do Desenvolvimento Psicossexual.

Os meninos daquele tempo e lugar viviam a fase oral, pulavam a anal (pois como pode um homem macho sentir prazer com o próprio ânus?) e iam para a fase fálica. Continuavam a vida transitando entre a fase oral e a fálica, ególatras, preocupados apenas em satisfazer seus próprios desejos, em garantir seu próprio prazer. Mimados, não doavam, queriam apenas receber. Eram focados nos órgãos genitais, viviam para vê-los e compará-los. Dizem as más línguas que existiam competições secretas. Meninos se reuniam para definir os pintos maiores, os menores, quem mijava mais longe. Quando o menino avaliava que o seu pinto não era suficiente, ele buscava compensações, comprando carros para exibi-los, criando situações para mostrar que tinha dinheiro e títulos, sendo agressivo, enfim.

Subitamente, um medo incontrolável tomava conta: a possibilidade da ausência do pinto. O que seriam eles sem seu pinto? Há tempos esses meninos já viviam assombrados, pois não existiam mais aquelas funções e aqueles lugares exclusivos para eles. Os critérios agora eram outros.

Sem pinto. Sem exclusividade. Sem ser o centro da história.

Qual seria o novo lugar desses meninos?

Aquele, o que deveria ter sido ocupado desde sempre: o de coautores da história.

Nesse tempo e nesse lugar não havia Renatos. Havia Remortos.

Essa realidade apresentava muitas dificuldades para as mulheres que desejavam construir uma relação com um homem. Elas viviam em outra dimensão. Já tinham descoberto outras realidades e formas de se relacionar.

Se por um lado os órgãos genitais masculino e feminino têm a mesma origem, por outro eles se desenvolveram de formas muito diferentes. O masculino, ensimesmado. Óbvio. O feminino abriu-se para novas formas e possibilidades. Ampliou-se. Tornou-se outra coisa. Pessoalmente, compreendo que essa metáfora diz muito sobre várias dimensões. Ela responde a muitas questões.

Todas as vezes que Renata ensaiava um relacionamento, ela se deparava com um menino. Afoito em ver os seus seios. O seu corpo. Sedento por leite, querendo ser amamentado. O que ele queria, Renata não queria dar (esse tempo e esse lugar já tinham superado a dimensão do poder dar). Ela até quereria amamentá-lo, mas teria que ser em uma relação de troca. Os dois.

Essa realidade entristecia Renata. Ela desejava ser mais do que seus seios, seu órgão genital, seu corpo. Entristecia também inúmeros meninos, que não conseguiam satisfazer seus impulsos infantis com Renata.

Certo dia, um homem desconhecido entrou na perfumaria de Renata. Estava acompanhado por uma senhora. Usava óculos escuros. Seu nome, Francisco. Ele acabara de chegar da Holanda, onde trabalhava em uma importadora de café, degustando e classificando esse grão universal.

Algo em Francisco atraiu a atenção de Renata: ele distinguia, quase como ela, os elementos que compunham as fragrâncias, suas notas, seus tons. Parece que ele via, inclusive, suas cores.

Francisco, ou Chico, como era chamado pelos mais íntimos, era cego. Tinha perdido a visão quando ainda era criança. Essa situação exigiu de Chico uma abertura, o desenvolvimento de outros sentidos que pudessem lhe garantir a visão. A propósito, dizem as boas línguas que Chico podia ouvir até o bater das asas de um beija-flor.

Não duvido. Chico era cego, mas via como ninguém! Via muito além do que os meninos daquele tempo e lugar podiam ver. Ou melhor, os meninos em questão apenas enxergavam.

Chico retornou à perfumaria de Renata muitas vezes. Tornaram-se amigos. Partilhavam muitas vivências e reflexões. Desde o primeiro dia, nunca ficaram longe um do outro, sobretudo quando estavam distantes fisicamente. A presença era constante e permanente.

Renata e Chico tinham uma forma muito peculiar de presença. Privilegiada. Sentidos extremamente desenvolvidos, ampliados. Fico imaginando a profundidade de suas experiências. Sabores, texturas, fragrâncias. Imagino os dois criando perfumes e essências. Novos pratos. Experimentando. Brincando, envolvidos em competições para descobrir as matérias-primas que originavam determinado cheiro ou sabor. Ambos ganhavam.

Um dia, envoltos em paz e tranquilidade profundas, vivenciaram algo raro nos dias de hoje. Vivenciaram o silêncio. Um silêncio que não é ausência de som, pelo contrário! Um silêncio onde tudo fala e tudo é ouvido. Onde tudo sente e tudo é sentido. Os objetos, os pássaros, as cores, os perfumes... Ouviram tudo e contemplaram tudo o que estava sendo dito. Eles se apaixonaram.

Chico viu Renata nua antes mesmo que ela tirasse uma única peça de roupa. Renata também havia desnudado Chico.

Renata tinha, enfim, encontrado um homem com quem partilhar a vida.

Dizem que há males que vêm para o bem. A cegueira tinha protegido Chico da meninice. Tinha-lhe possibilitado ser homem.

Chico viu o que nenhum menino viu.

E viu pela primeira vez!

Viu Renata.

MARIA

A sopa de letrinhas do meu amor está saindo da panela...

Escreva, minha filha. Escreva muito e se inscreva onde você puder SER.

Rezo para que esse “onde” seja “TODOS OS LUGARES E TEMPOS”... Para você e para TODAS.

Dani,
do seu ventre,
o meu maior presente.

ENTREGA.

Na sua vida,
minha nova vida...
Nossas vidas.
Nosso amor.
Nossa família.
Presente e futuro.

CORAGEM.
Gratidão eterna, meu amor.

Uma joia, feita de pérola e cristal.

SOBRE DAR O FIO E SOBRE O PRÓPRIO FIO

Sou apaixonado por Mia Couto, um dos maiores poetas da atualidade e, por que não, da história.

Sua peculiar forma de ver e poetizar a alma humana e o tempo me comove. Dentre suas obras, *O fio das missangas*[1] tem um lugar especial para mim.

Trata-se de uma coletânea de contos que nos apresentam, a partir da mulher, vidas sem sentido, perdidas e maltratadas. Mulheres sofridas, assaltadas pela história, culturas, sociedades, homens... O que lhes foi roubado? O direito de existir.

Muitas poderiam ser as reflexões que justificassem o título da obra. A propósito, muitas são as interpretações para cada conto, parágrafo, linha e palavra. Gênios como Mia Couto possuem essa capacidade desconcertante de fazer caber o infinito e o ilimitado dentro de um breve e singelo texto.

Pessoalmente, leio a obra a partir do conto, de mesmo nome, "O fio e as missangas". Quem é a personagem principal desse conto? Não sei. O que sei é que nele (não) existe um homem chamado JMC. Ninguém conhece seu nome por extenso. Nem ele. Talvez isso tenha a ver com a brevidade e a

1 Foi mantida a grafia portuguesa no título do livro de Mia Couto.

superficialidade da sua existência, das suas (não) entregas, da sua (não) inteireza, da sua (não) presença.

Saber o nome por extenso compromete.

JMC era um homem casado que mantinha relações com inúmeras mulheres. Segundo ele, não havia dedos para contar as tantas mulheres. "A vida é um colar. Eu dou o fio, as mulheres dão as missangas. São sempre tantas, as missangas."

Penso que o nome de JMC era J Morreu Cedo. Porém, se considerarmos a relação doentia que mantinha com a mãe, há uma chance de ele nunca ter nascido. Ainda está lá, confinado dentro da mãe, na escuridão úmida, escura e limitada que faz bem apenas para o feto.

Como estamos sempre à procura de culpados e culpadas, confesso que, durante um tempo, atribuí a culpa pela vida equivocada de JMC à sua mãe. Esse foi meu primeiro impulso.

(Parece-me ser sempre mais fácil culpar a mulher.)

A mulher está sempre em situação desfavorável, especialmente em relação ao homem. Nessa história, não é diferente. Se não sabemos o nome por extenso de JMC, sua mãe nem nome tem, o que nos obriga a referenciá-la como a mãe "DE" JMC, evidenciando a posse e a centralidade masculina. O que sabemos é que ela casou-se com um homem que nunca soube amar alguém. A mãe de JMC celebrava o fato de o filho tomar banho antes de retornar para a cama da esposa, pois assim não se apresentava cheirando a outros perfumes. Contemplando essa passagem do texto, penso nas migalhas que ela nunca recebeu de seu esposo, o pai de JMC. Se não recebeu nem migalhas...

O pai de JMC poderia ser também JMC. Sua mãe, C. Nesse caso, JMC significaria J Matou C.

É muito difícil amar a quem não sabe amar.

Quem ama quem não sabe amar não aprende como é ser amado e amada.

Não sabendo ser amado e amada, faz tudo, é tudo e contenta-se com nada.

Aceita tudo!

Até qualquer coisa.

O que JMC aprendeu com o pai? O que ele aprendeu com a relação de (não) amor entre o pai e a mãe? O que ele sentia?

Não sabemos. O que sabemos é que JMC dá o fio.

Como disse, essa obra extraordinária reúne histórias de mulheres que não existiam. Como elas são as miçangas, o fio é aquele dado por homens como JMC. Se são histórias de não existência, concluo que o pano de fundo seja também de não existência. O pano de fundo é o próprio fio.

O fio dado por JMC é precário, limitado. É fio de rédeas curtas, que mantém o controle e determina.

O fio por si só é ruim, as pessoas precisam ser livres para amar e ser amadas. Mas o dado por JMC é pior, nem todo fio que ele possui ele dá, pois precisa guardar espaço para as outras miçangas. Além de fio que determina, é só uma pequena parte do fio. Até nisso JMC é mesquinho.

Quantas mulheres não existem porque, como miçangas, estão atadas a esses fios que aprisionam física, cultural, social e emocionalmente. São tantos os elementos de aprisionamento, materiais e imateriais, mas todos fios que determinam os contornos, assim como o fio de um colar de miçangas.

Há outro elemento perverso nessa metáfora: o fio é, quase sempre, invisível. Precisamos reconhecer que o fio existe, com toda a sua cor, formato, contornos, delimitações, nome, CPF, endereços, histórias. Mesmo quando imaterial, no caso do dado cultural, por exemplo, é possível determiná-lo e denunciá-lo.

Denunciá-lo para superá-lo.

JMC é J Matador de Cês.

Para ele, apenas Cês.

Elas são Camilas, Carolinas, Conceições, Carlas, Cátias...

O J também é Jota de Joões, Josés, Jorges...

JMC é J Morto Consumado. Morreu enforcado no mesmo fio que enforcou. Morreu tropeçando no mesmo fio que derrubou.

Obviamente, não estamos reduzidos aqui à morte e à vida biológicas. Mia também não estava.

Esse fio antecede a (não) existência de JMC. Tem costurado a história e determinado os contornos dos inúmeros colares. Silenciosa (silenciando) e invisivelmente (invisibilizando).

SOBRE AS MIÇANGAS

Continuando a reflexão sobre o conto "O fio e as missangas", do Mia Couto, agora pensando sobre as miçangas.

Mia se utiliza da metáfora do colar de miçangas para afirmar que a voz do poeta é como um fio que costura o tempo. No contexto da obra *O fio das missangas*, cada conto poderia ser considerado uma miçanga compondo o colar. O fio, a genialidade da voz poética do Mia que as criou e colecionou.

Se considerarmos o fio e a miçanga como possibilidades de papéis, um ativo, que conduz, outro passivo, que é conduzido, não haveria problema que homens e mulheres se relacionassem, ora como fio, ora como miçangas. A propósito, fico pensando na delícia e na riqueza das trocas de papéis... Nas ilimitadas possibilidades de aprendizados... Nas descobertas de novos sabores, texturas, perfumes, sentimentos, emoções, inteligências, prazeres... Construções a dois. Embora um/a ativo/a e outro/a passivo/a, um consentimento à entrega, uma mesma entrega, na mesma proporção para cada um e para cada uma. Não há aqui um compromisso com o uso, pois não cabe, ele nem passa perto. O/a ativo/a se entrega. O/a passivo/a se entrega. Entregando-se um/a ao/a outro/a, constroem. Continuam sendo dois/duas, mais do que nunca, mas já não são os mesmos e as mesmas nem se encontram no mesmo lugar. Transcenderam a si mesmos/as. Por, para, com o/a outro/a. No/a outro/a. Em si mesmo/a. Suspeito que "outro/a" nem caiba mais aqui...

O problema passa pelo sentido.

Recentemente, minha filha mais nova ganhou de presente um kit para fazer bijuterias: uma série de miçangas lúdicas de plástico e fios para incentivar a criatividade e a confecção de colares, anéis e pulseiras. Um brinquedo interessantíssimo, mas ainda dedicado, exclusivamente, às meninas, resultado da tolice social e cultural que insiste em definir o que é ser menina e o que é ser menino, com seus devidos atributos e campos de atuação. Enfim...

Com esse kit, ela confeccionou uma pulseira colorida para mim. Entre várias pecinhas, uma rosquinha com cobertura de chocolate (a sua preferida). Mais pecinhas e um bolo.

Na maioria das vezes, sou eu quem cozinha na minha casa. Além de ter desenvolvido técnica e gosto, como filho de uma mineira e de um paraibano que vivenciaram a fome, a comida tem um sentido ontológico para mim.

Não cozinho ou como apenas para viver.

Como para existir, criar e reviver memórias e afetos.

Ressignificá-los.

Na cozinha, alimento minha família, mas também compartilhamos afetos. Não é apenas cozinhar e comer, é amar. Vivenciando isso, minha filha sentiu, pensou e construiu uma pulseira de miçangas que não se reduzia a um presente para mim. Era eu próprio, forjado por ela inteira: sentimento, emoção, cognição e motricidade. Quando recebi a pulseira das suas mãozinhas, já não era eu. Éramos nós. A nossa história. O nosso amor. Relação.

Como são lindos esses presentes construídos na e para a relação; na e para a pessoa amada. Carregados de sentidos e intencionalidades, transcendem o material e o preço. Alcançam a alma. Constroem a vida.

Quantos colares de miçangas estão carregados de alma, suor, histórias, culturas, memórias. O colar construído pelo/a artesão/ã que se entrega à sua arte e, por meio dela, alegra a vida e sustenta a sua família. A pulseira de um/a ente querido/a ou pessoa relevante que faleceu, virou relíquia. Uma joia construída a partir de materiais naturais e culturais, carregados de beleza, gente e história.

O colar construído por JMC não passava por esses terrenos. As miçangas tinham cor, perfume, tamanho, histórias, medos, sonhos, almas, desejos, mas JMC não as via. Em um primeiro momento, podemos pensar que JMC as colecionava. Mas nem isso! O/a colecionador/a estabelece uma relação para com a peça colecionada, ou colecionável. Seja relação de afeto, seja relação de valor, ou ambas. O/a verdadeiro/a colecionador/a sabe o que tem. JMC tinha nada. Como poderia saber?

As miçangas eram para o consumo de JMC, uma tentativa de preencher seu vazio existencial. Alimentando-se dessas miçangas, talvez ele pudesse, acreditava, resolver suas questões e ser feliz. Afastar a solidão.

JMC alimentava-se das miçangas, mas não as alimentava.

Elas morriam.

Fico pensando nas inúmeras miçangas que, felizes, acreditaram ser as últimas, para serem as únicas.

Fico pensando nas miçangas que até sabiam da existência do colar e das outras miçangas, mas que, convencidas pelas histórias e teorias que lhes contaram sobre solidão, sobre mulher, sobre mãe solo, sobre a idade; ou de experiências vividas que lhes diminuíram, que lhes roubaram a dignidade e a autoestima, preferiram fazer parte do colar. Um pacto de silêncio, solidão e morte.

Tantas outras nem sabiam do colar, muito menos do fio.

Outras nem entenderam.

Muitas ainda não entendem.

Morrem.

Um projeto de morte vive!

Eis um paradoxo instalado que cobrará muito caro de todos e de todas nós.

200 anos de Independência!

Para quem?

LUT~~O~~
EMOS!

A SÍNDROME DE EVA: O PECADO ORIGINAL DA MULHER

A serpente era o animal mais astuto de todos os animais. Ela seduziu a mulher, o animal menos astuto de todos os animais e de todos os tempos. Fez com que ela comesse o fruto proibido. Mais! Além de comer, a mulher serviu-o ao seu homem. Corrompida, não se satisfez. Corrompeu.

O restante da história, todos/as nós conhecemos.

A mulher protagonizou o maior vexame da história do Ocidente. A razão por tanto sofrimento, tristeza, doença... A resposta por todo o sofrimento humano. Especialmente do homem. Na tradição judaico-cristã, a mulher está na raiz do fracasso da vida humana.

É revelador compreender que, em muitas histórias que têm a mulher como protagonista, ela é a vilã. Ela é a responsável pela condução ao fracasso, à tristeza. Intencionalmente ou não. De todos os modos, confirma a condição precária da mulher.

Quando a mulher domina, é por vias escusas. E para fins destrutivos da moral, da ética e da história.

Vivenciei muitas mulheres justificando os erros de seus filhos, maridos, amigos, conhecidos e irmãos com teses que alocavam a mulher para o centro da história como a manipuladora, a mentirosa, a sedutora. Nesses contextos, as mulheres eram sempre rés. Inocente até que se prove o contrário não cabe em terreno de tamanha alienação.

Seus homens, pequenas criaturas indefesas diante da fera faminta. Feminina.

Basta que a mulher assuma o protagonismo da sua história para que ela corra o risco de ser acometida pela síndrome de Eva, o seu pecado a priori. Essa jornada não será pecaminosa, até que alguém saia machucado.

P. S.: "Machucado", aqui, não foi deslize de alguém que deseja escrever com linguagem não sexista.

JUGOMENTO

Ju-go-men-to

Verbo masculino

A MULHER CONVENCIDA

Como eu quero ser!
Mas como ser se eu nunca fui?
Inteira e suficiente.
Adequada.

Minha beleza, risco da superficialidade e da morte.
Minha inteligência, inacabada.
Capacidades, todas, questionadas.
Meus sentimentos, desejos e emoções...
Como sou inadequada!
Meu corpo, franzino, seria incapaz de me proteger.

Estava fadada a viver de esmolas. Migalhas.
Com medo de nunca ser ouvida,
aprendi a gritar.

Com medo de não ser compreendida,
engravidei-me das palavras.
Dei à luz discursos, reflexões, teses e antíteses.
Não aceita, o que pari foi mais pedido de ajuda e de desculpa.

O medo sempre presente.
A agressão sempre iminente.

Afastou-me dos lugares.
E das pessoas.

Disseram-me tantas coisas
Contaram-me tantas histórias
Com palavras e agressões.
Acreditei.

Falam que sou uma mulher cheia de si.
Mas como eu sou nada,
sou uma mulher cheia de vazio.

Vivo em um estado.
Queria ser outra coisa.
Seria melhor ser coisa.
Coisa não sente.

Sigo estando.
Protegendo-me de você.
Protegendo-me de mim.

A MULHER QUE NEM PÔDE SER CONVENCIDA

Preta, pobre e favelada.
Filha de mãe solteira.
Perdida.

Vergonha exposta.
Absorvente de pano quarando no varal.

SE É A MULHER QUEM COME, COMO É QUE ELA PODE SER MALCOMIDA?

Dizem que uma mentira contada muitas vezes torna-se verdade. Mas que tipo de "verdade"?

Uma mentira, secular, que se tornou verdade nas mentalidades e nos corações de muitos homens e, infelizmente, de muitas mulheres, diz que a mulher é comida pelo homem durante o ato sexual. O homem come a mulher, que, por sua vez, dá ao homem. Ela, passiva. Ele, ativo.

Atrelado a essa mentira, existe o termo pejorativo "malcomida", que se refere a uma mulher mal resolvida, permanentemente descontente. Por malcomida entende-se uma mulher que não mantém relações sexuais, ou as mantém de maneira insatisfatória.

Essa espécie de antropofagia sexual está muito presente na cultura e na história do Brasil. Roberto DaMatta dedica um capítulo para tratar desse assunto em seu *O que faz o brasil, Brasil?*, de 1984.

Ao longo do texto, um dos principais antropólogos brasileiros desenvolve diversos paralelos entre comida, alimento e mulher. Compreendendo a comida como algo que se come com afeto e sentido; e o alimento como qualquer coisa útil para a manutenção da vida física e biológica, DaMatta afirma que o código da comida é um dos principais elementos que definem a cultura do Brasil e o próprio brasileiro.

Nesse contexto, ele retoma o ditado popular que diz que "mulher oferecida não é comida", ela é alimento, chamando a atenção para o movimento cultural que difama a mulher que se tornou independente, senhora do seu corpo, da sua capacidade de sedução e sexualidade. Essa mulher carrega em si grande potencial de indigestão.

A mulher comida é a virgem que só poderá se tornar comida quando passar pelos rituais do noivado e do casamento, que a tornarão uma esposa virtuosa, que irá servir à sua família por meio do seu cuidado e dos serviços domésticos que empreenderá. Os favores sexuais que ela prestará ao seu esposo, conjugados com sua capacidade reprodutiva, a colocarão em um lugar pastoral e santificado, segundo DaMatta. Seria esse o lugar de mãe? E a mãe, poderá ser comida? Alimento, certamente não! Nesse contexto, a esposa é subserviente.

Para DaMatta, o bolo e o banquete das festas de casamento são símbolos que materializam a transformação da virgem em comida. Comida simbolicamente partilhada e, sobretudo, socialmente aprovada pelos homens do grupo, os iguais.

Independentemente das circunstâncias, na cultura brasileira há sempre uma relação hierarquizante entre alguém que come e alguém que é comido/a. Essa relação é normal quando o homem exerce o papel de comedor e a mulher, de comida. Contudo, há uma chance de essa relação se inverter, tornando-se uma anomalia: quando uma mulher independente, aquela já citada, devora suas presas, homens inofensivos que foram seduzidos. Nesse caso, a mulher que come é a vadia. O homem que é comido, o trouxa.

É tão flagrante o potencial que a mulher possui de ser quem come. Na verdade, essa parece-me ser a sua condição mais potente: ela, salivante, recebe o alimento que é engolido por inteiro. Para as mais conhecedoras de si mesmas, é possível sugar o alimento, ou mastigá-lo.

A sociedade patriarcal não admite compreender o homem em uma posição de passividade. Mesmo que por um instante e em uma dimensão apenas.

O homem deve ser sempre o centro e, com isso, o elemento que determina as coisas, as histórias e as mulheres. Quando a mulher assume o centro, quando ela se torna protagonista, o discurso corrente a coloca no lugar da promiscuidade, do erro, da anomalia. Muitas mulheres têm sido alimento indigesto para homens inseguros, centrados em si mesmos, que ainda não se perceberam em uma relação. E elas têm pago um preço alto por tamanha liberdade.

A mulher precisa ser livre para ser o que quiser: alimento e comida; quem come e quem é comida. Mesmo entendendo o potencial que a mulher possui de ser quem come, se quiser ser comida, que seja.

Uma comida deliciosa.

Para ela.

A gramática é uma palavra feminina.
Feminina apenas na palavra.
O sujeito é uma palavra masculina e
tem sido o termo essencial da história.
Sujeito e predicado.

CONJUGAÇÃO VERBAL DO PATRIARCADO

EU FALO
Tu FALO
Ela FALO
Nós FALO
Vós FALO
Elas FALO

O jeito de falar materializa o jeito de ser.
E constrói realidades.

A LINGUAGEM NÃO SEXISTA

A culpa levou-me a assumir alguns posicionamentos. Dentre eles: passei a adotar uma linguagem não sexista em meus textos, falas e discursos. (Foi e, ainda é, um exercício diário. Difícil.) Correndo o risco de ser estranho, quis causar a estranheza, um desconforto, para quem sabe provocar, no mínimo, a percepção dos meus iguais.

Quis reconhecer, também, cada mulher que interagia comigo.

O discurso é importante e traiçoeiro, pois, ao mesmo tempo que reproduz as realidades, forja-as e, principalmente, produz, também, as subjetividades.

É fundamental que cuidemos do discurso. Da palavra.

Utilizando-me dos lugares que tenho ocupado, venho adotando esse posicionamento, mesmo e principalmente, naqueles mais machistas e até misóginos.

É tão flagrante constatar que, muitas vezes, a estranheza também acomete a mulher. A ausência histórica do reconhecimento é tão profunda que, mesmo quando contemplada, a mulher corre o risco de não se perceber assim.

Quando me chamaram pelo meu nome,
eu não sei se não ouvi ou se não entendi.
Acostumei-me a não ser eu,
A ser eles, deles, os...
O.

Universal, não particular.

Universal em um universo que não é meu,
nem sou eu.
Sempre sujeita a,
Nunca sujeita **NA/DA**

A linguagem não sexista exige mais que um cuidado com pronomes e substantivos, passa por uma atenção e uma crítica às ambivalências de conceitos e predicados que, cultural e historicamente, se comportam de maneira situacional em relação às suas atribuições, ou seja, se é para/da mulher; ou se é para/do homem.

Exemplos: homem vadio ≠ mulher vadia.
homem puto ≠ mulher puta.

Sofia
sofria.
Sem alegria,
sentia.
Nada.

Sofia
se feria.
Seu coração era enorme!
No peito nem cabia.
Mas sua pele...
Idiossincrasia.

Sofia
Sorria...
Não sorri mais.

Melancolia.

Sofia
tornar-se-ia...
NÃO!
Sofia É.

Sofia
alforria-me da
minha dicotomia!

Sabedoria.
Empatia
Aprendizagem
Vivência
Amor.
Gratidão.

Eu amo vocês.

LUGAR DE FALO

Mudo e calado.
Porque já falou demais.
Esbravejou.

LUGAR DE FALÁCIA

MEninas e meninos
RIem e comemoram
TOdas juntas, todos juntos
CRAvejando a história com suas vidas coloridas
CIrculando pelas ruas
Alegres e livres, igualmente.

LUGAR DO CALO

Voz?
Choro?
Dizem que chorei quando nasci.
Nascer?

LUGAR DE FALA

____

____

Dizem que chorei quando nasci.

____

____

?
Dizem que chorei quando nasci.

____

____

Choro?
Dizem que chorei quando nasci.

____

____

Choro?
Dizem que chorei quando nasci.
?

____

Choro?
Dizem que chorei quando nasci.
Nascer?

?
Choro?
Dizem que chorei quando nasci.
Nascer?

Voz?
Choro?
Dizem que chorei quando nasci.
Nascer?

Falar?
Chorar?
Dizem que chorei quando nasci.
Nascer?

Não ouço minha voz.
Não ouço meu choro.
Dizem que chorei quando nasci.
Nascer?

Não conheço minha voz.
Não conheço meu choro.
Dizem que chorei quando nasci.
Nasci?

Aprendi a falar.
Aprendi a dizer.

Aprendi a escutar.
Aprendi a chorar.
Chorei quando nasci.
Nasci?

Conheço a minha voz.
Conheço o meu choro.
Não "chorei" quando nasci...
Nasci?

Escuto a minha voz.
Escuto o meu choro.
Chorei quando nasci.
Nasci?

Escuto vozes.
Escuto choros.
Chorei quando nasci.
Nasci?

Conheço quem (me) calou e cala.
Conheço quem (me) fez chorar e faz.
Chorei quando nasci.
Continuo chorando e,
por vezes, festejando.
Nasci!

Digo.
Choro.
Nasço.
Conheço.
Vivo.
Mas não ao falo.
Falogocentrismo.

Ser**TÃO**
para
Ser**TODA INTEIRA**

POSSO, COMO HOMEM, SER MÃE?

O que significa ser mãe?

Seria o conceito de maternidade uma construção social?

Só as mulheres podem ser mães?

Tenho muitas dúvidas sobre esse terreno.

Talvez essas dúvidas sejam alimentadas por uma inveja enorme que sinto de cada mulher. Para mim, a possibilidade da gravidez é algo extraordinário. Queria vivenciá-la, fisicamente. Quis tanto que, quando minha esposa engravidou, fui acometido pela Síndrome de Couvade. Eu tinha desejos, enjoava, sentia dores, passei a gostar de doces e chocolates. Lembro-me de ter dado mais trabalho do que ela.

Engravidamos, ela e eu?

No contexto do patriarcado, a mulher está sempre em desvantagem. O conceito de maternidade está carregado de nobres características intrinsecamente femininas que aprisionam a mulher a priori. Qual a desvantagem para a mulher?

A mulher que é mãe não pode errar.

Ela está condenada!

E...

Já carrega nas costas, hoje, a culpa pelos problemas de amanhã.

Amanhã...

A culpa pelos problemas de ontem, de hoje e (ainda) de amanhã.

Suas sentenças: não poder se cansar, não poder sentir dor, não poder querer desistir, não poder não perdoar, não poder recusar, não poder querer dormir, não poder querer descansar, não poder chorar, não poder não saber de tudo, não poder não conjugar tudo, não poder não amamentar com seu próprio leite, não poder poder. Não poder. Não poder...

O cenário é tão desproporcionalmente desgraçado para a mulher que, durante o período de puerpério, ou resguardo, a sociedade tende a olhar apenas para o "sofrimento" do marido castigado pela impossibilidade do ato sexual com sua esposa que, agora, é mãe. Mais um peso para a mulher, que além de tudo, de todas as transformações físicas, hormonais e psicológicas, ainda não pode satisfazer seu esposo.

E quanto a ela?

Quem ou o que irá satisfazê-la?

Ela mesma, com a aceitação incondicional do seu novo ser. Ela e essa ideia:

Ela agora já não é mulher.

Ela é mãe,

um ser santificado e pastoral.

A mãe não pode não amar incondicionalmente. Tudo, a partir dela, precisa ser incondicional. Para ela, uma série de determinantes: engordou, ficou flácida, o mercado de trabalho, a idade, os hormônios, as obrigações etc. etc. etc.

Uma prova desse cenário: menores abandonados são sempre acompanhados por mães que os abandonaram.

Trabalhei durante um período em casas de acolhimento institucional para crianças, adolescentes e jovens. Posso garantir: pessoas não são abandonadas pela vida, nem por suas mães. Pessoas são abandonadas por pessoas, homens e mulheres, pais e mães. Mães e pais.

Eis um paradoxo desconcertante: o amor, o afeto, a sensibilidade, a empatia e o cuidado não são construções sociais. São elementos constituintes do ser humano, do ser gente, do ser homem e do ser mulher, porém precisam ser exercitados. Desenvolvidos.

Nesse terreno, o homem se perdeu, afastou-se da possibilidade de uma vivência extraordinariamente íntima e enriquecedora. Humana: o amor e a vida dedicada a um ser que nasce e cresce. Que aprende e ensina. Que se desenvolve, envolve e desenvolve quem o acompanha.

Nossos filhos e filhas fazem mais por nós do que a gente faz por eles e elas.

Era domingo. Não havia sol no céu. Ele estava nos corações...

Dia de visita em instituições de acolhimento é assim. O banho, o perfume, as roupas, os cabelos cuidadosamente penteados, as sacolas com guloseimas e presentes materializam as tentativas e os desejos de reconciliação, de perdão, de recomeço. Esses são terrenos ensolarados, mesmo que, muitas vezes, momentaneamente. As realidades são duras, e as sentenças judiciais brasileiras são sempre tão desproporcionais para as suas vítimas.

De repente, olhei para um pai que, atento às orelhas de seu filho, recordou-o sobre a necessidade de lavá-las melhor durante o banho. Havia tanto cuidado, sensibilidade, didática e afeto naquela cena. Por um instante, a impossibilidade do cuidado daquele pai para com o seu filho, as dores e os desesperos por trás dessa condição, desapareceram. Foram ofuscados pelo sol que brilhava intensamente.

Não se tratava do banho. Muito menos da higienização das orelhas.

Ainda guardo essa cena na minha memória e no meu coração. O dia em que senti em um homem uma mãe.

Queria poder saber o nome desse homem. Onde será que ele vive agora? Como estará aquela criança, seu filho? Estão bem? Se reencontraram?

Ah! Como eu queria que ele soubesse da sua importância na minha vida! Queria que ele soubesse do dia em que, como homem, ele me mostrou como ser pai.

Vem**SER**

INVISIBILIDADE DISFARÇADA

Lamentavelmente, alguns rituais estabelecidos culturalmente invisibilizam a mulher. Em restaurantes, esse fenômeno é demasiadamente comum.

Por que é o homem quem recebe o cardápio?

Por que é o homem quem experimenta o vinho primeiro?

Por que a conta é apresentada para o homem, mesmo quando não será ele o pagador?

?????

Às vezes eu acho que o cavalheirismo é uma forma criada para colocar e justificar o homem como protagonista da cena.

VISIBILIDADE PERIGOSA

Onda (movimento permanente do mar).
Após a onda, arrumar o biquíni (movimento permanente do medo).

Maria, menina de quatro anos, está se maquiando:
– Maria, por que você está se maquiando?
– É para ficar bonita, papai.

Para ficar bonita?

ONDE UM FILHO CHORA E A MULHER (SEMPRE) VÊ

Esse é o mesmo lugar onde um filho chora e o homem (quase sempre) não vê.

Como sabemos, a frase conhecida diz respeito a um "lugar onde o filho chora e a mãe não vê". Porém, suspeito de que o conceito de maternidade seja resultado de uma construção social, que impõe um conjunto de atributos femininos, a priori, que aprisionam a mulher. Por essa razão desejo fugir dele, para focar as inúmeras mulheres que conheci que, motivadas por amor, compaixão e tantos outros sentimentos que não ousarei enunciar, não abandonaram filhos, filhas, esposos, companheiros, companheiras, irmãos, irmãs...

Essas mulheres são esposas, mães, avós, companheiras, tias... Mulheres.

Como já disse, trabalhei, durante um período da minha vida, em instituições de acolhimento institucional de crianças, adolescentes e jovens. Atuei, também, com medidas socioeducativas de liberdade assistida, semiliberdade e internação.

Vivenciei muitos dias e momentos de visita. Filas e filas de mulheres. Inúmeras sacolas, mimos, bolos, doces, salgados. A comida é algo importante na cultura brasileira, uma oportunidade para a partilha de afetos e tentativas de reconciliação.

As mulheres sempre se fazem presentes nesses lugares e situações. Estão presentes e são presentes, ao mesmo tempo. Presente esperado, que acalenta o coração, acalma a alma e ameniza a história. E presença que colore ambientes sempre tão pálidos.

Os homens costumam se fazer ausência nesses lugares e situações. Ausência que é ausência. Simples assim.

Mas por que a mulher é assim?

Por que é esse o padrão?

Não sei. Ainda não descobri.

A suspeita inicial encontrava sempre o dado materno. Porém, nem todas são mães. Mas, sim, todas são mulheres.

Aprendi com a filosofia que a pergunta é um bom lugar de chegada.

Cheguei até aqui... com perguntas, sem respostas e com a memória repleta de histórias e lembranças dessas presenças mágicas que transformavam pessoas, histórias e ambientes.

Gratidão que aquece o coração.

Mesmo distantes,
o sol e o mar
teimam em se encontrar.
Nesse encontro,
o sol está no mar
sem nele tocar.
Assim é a saudade:
um encontro teimoso,
um estar sem tocar quem tocou,
não como o sol toca o mar,
porque tocou as profundezas.

Estou acordado.
Teria sido um sonho?
Mas na memória não há cena.
O que há é a sua presença.
Em to-do lu-gar.
Um pesad(o)elo!

Ela não dava conta de ser feliz.
Mas tinha que viver prestando conta
da sua felicidade.

EU FAÇO XIXI SENTADO...

Porque eu sempre convivi com muitas mulheres e eu não consigo fazer xixi em pé sem sujar o vaso e o chão. É impossível não respingar! Além disso, é muito desagradável ter que sentar sobre urina, molhada ou seca. Um horror!

Eu faço xixi sentado porque não consigo mijar.

Tudo isso é verdade. Mas o título deste livro quer ser uma metáfora...

Todas as vezes que verbalizei para outros homens essa minha incapacidade de mijar em pé, fui questionado. Houve muita estranheza da parte deles.

Fazer xixi sentado é uma metáfora para afirmar que a masculinidade é algo extremamente frágil.

Fazer xixi sentado é uma metáfora para manifestar um cuidado, um zelo, uma preocupação com o bem-estar da mulher.

Fazer xixi sentado é uma metáfora para agradecer a todas e a cada uma por tudo e por tanto.

É uma reverência.

É uma necessidade urgente!

Ah!

Eu preciso brochar
Para desabrochar
Outro.

Eu quero brochar
Para ser desabrochado
Com.

Viver brochado
Debochado de mim mesmo.
Da centralidade do meu falo
Cabeça pensante
Governante.

Eu falo
Tu falo
Ele falo
Nós falo
Vós falo
Eles falo
Fa-lo-go-cen-tris-mo

Necessito brochar!
Para desabrochar
Diferentes homens.

Esta obra foi composta em Alda OT CEV e impressa
em papel Polen Natural 80 g/m² pela Meta.